ホーローで作ると
かんたん！おいしい！

山崎 志保

yummy

contents

- 04 "ホーローは料理をラクに楽しくし、ていねいな暮らしをかなえます"
- 05 ホーローのここが好き
- 06 ホーローひとつで盛りつけまでできるんです！——— この本のレシピのきまり
- 08 この本では富士ホーローの道具を使っています

09　chapter1 ホーローで混ぜるだけ

- 10 枝豆とカマンベールチーズのオリーブオイルマリネ
- 12 さば缶とトマトのぽん酢サラダ
- 14 サラダシーチキンとパイナップルのマリネ
- 15 たことトマトの柚子胡椒マリネ
- 16 ミックスビーンズサラダ
- 17 きゅうりのライタ
- 18 2種のタルティーヌ
  - コンビーフのリエット
  - 和風チーズクリーム

- 20 豆腐ときゅうりのぽん酢ジュレサラダ
- 22 あさりのサルサヴェルデ
- 23 テリーヌサラダ
- 24 プチトマトとオクラの酢漬け
- 25 ホーローは冷やすのも得意
  - ミルクゼリー
  - レアチーズケーキ
  - いちごのアイス
- 28 ひとつのホーローで作る"混ぜるだけ"パスタ4
  - カルボナーラ
  - しらすとレモン
  - トマトとツナ
  - ナポリタン
- 32 体においしい！ こうじで作るたれ4種
  - しょうゆこうじ
  - バルサミコこうじ
  - 塩こうじ
  - マスタードこうじ

- 34 ホーローをもっと知ろう！

35　chapter2 ホーローで焼くだけ

- 36　ハッセルバックトマトとローストポテト
- 38　タンドリーチキン
- 40　牛肉とアボカドの甘辛焼き
- 42　ガーリックシュリンプ
- 43　フレスケスタイ風ロースト
- 44　さけのみりん焼き
- 45　きのこの油揚げポケット
- 46　さばのみそ煮焼き
- 47　ポークジンジャー
- 48　ホーローで焼き肉
- 49　ぶりのペペロンチーノ
- 50　ローストチキン
- 51　キムチチーズ鍋
- 52　赤飯とホーロー鍋で炊くごはん
- 54　ホーローは使い勝手もばつぐん！

55　chapter3 ホーローで煮るだけ

- 56　バターチキンカレー
- 58　揚げない酢豚
- 60　ポテトサラダ
- 61　花豆のマリネ
- 62　マカロニグラタン
- 63　麻婆豆腐
- 64　砂肝のコンフィ
- 65　欧風カレー
- 66　牛すじと大根の煮もの
- 67　ラタトゥイユ
- 68　なすとトマトのオイル蒸し
- 69　たこの柔らか煮
- 70　ミネストローネ
- 71　煮込みラーメン
- 72　蒸しものもかんたん！
  - 茶わん蒸し
  - さつまいもとかぼちゃのごまバター蒸し
- 74　揚げものもおまかせ！
  - ハムカツ
  - とうもろこしのかき揚げ
- 76　ゆで鶏
- 77　さんまの酸っぱい煮
- 78　白菜の塩昆布あん

＊表紙の料理は22ページの「あさりのサルサヴェルデ」を倍量にしてキャセロールで作ったものです。

79　"毎日のごはんはかんたんでシンプルなのがいちばん"

"ホーローは料理をラクに楽しくし、ていねいな暮らしをかなえます"

ホーローが大好きです。

料理家という仕事柄、さまざまな調理道具を使います。

その中でもホーローは保存容器やバット、鍋、ポット、ミルクパンなど、いろいろな
シーンで大活躍してくれるアイテムたちです。

日々、多くの食材と向き合い、あらゆるジャンルの料理をしますので
ステンレス、アルミ、フッ素樹脂コーティングの鍋を使うこともあります。

ですが、表面をガラスコーティングしてあるホーローは、金気が出ないので
おいしいだしが引けますし、素材本来の味を引き出すことができるので、
プロとして繊細な作業を求められることが多い私にとってなくてはならないものです。

毎日の食事作りで使うのはもちろん、離乳食や介護食を作るときにも
ホーローを使いますし、色鮮やかに仕上げたいゆで野菜やいちごジャムなどを
きれいに仕上げてくれるのもホーローの魅力です。

ホーローにはいくつかの種類があり、おもなものに鋳物の重たいホーローと、
鋼板の軽いホーローがあります。私が愛用しているのは素地が鋼板でできている
軽くて色鮮やかなホーローです。なぜなら、軽くて扱いやすい、
熱伝導がよくて時短になる、お手入れもラクなど、いいことづくしの
かんたん！おいしい！をかなえてくれる道具だからです。

軽いホーローには安価な海外製のものもありますが、品質と安全性、体にとっての
安心を考えると、手に取るのはやはり日本のもの。なかでも富士ホーローのものを
愛用しています。その理由はホーローの鋼板もガラスの釉薬も日本製の材料で
できていて、JIS基準をクリアしているだけでなく、細かな部分まで使いやすい
工夫がされているから。お気に入りの道具は長く大切に使いたくなりますよね。

この本では私のお気に入りのホーローの特性を活かして、
ふだんのごはんを楽しく作れるレシピを考えました。

あなたの手作りが楽しくなりますように。

山崎志保

ホーローのここが好き

おいしくなる
ホーローの表面はガラス質なので化学物質や金気が出ず、食材の本来の味を変えることなくおいしい料理が作れます。また、保温性も優れているので加熱→フタをする→火を止めるで味がしみやすくなります。

手早く料理ができる
ガラス質に覆われている素材は特殊な鋼板。熱伝導率が非常によいため加熱が早く、時短調理が可能！ エネルギーを効率よく使えるエコアイテムです。

酸、アルカリに強くにおいがつかない
ガラス質の表面は酸性、アルカリ性ともに強く、どんな食品も保存できます。ぬか漬けなどを長期保存してもにおいがつきにくく、衛生的です。

ひとつであれこれできる
ゆでる、蒸す、揚げる、漬ける、オーブンで焼くなどさまざまな調理ができます。IH調理器、ガス、オーブンなど電子レンジを除くすべての熱源で使えます。

汚れがするっと落ちる
表面のガラス質のおかげで頑固な汚れも、焦げつきも重曹を使うことでラクにきれいに落とせます。

見た目がかわいい
JIS基準をクリアした印の「Sマーク」がついている上質なホーローはつややかな光沢、発色のよさ、柄の美しさも魅力。愛着がわきます。

長く使える
落としたりぶつけたりの衝撃に弱いですが、うまく使えば20年経ってもきれいに使えますよ!

店にあるホーロー鍋たちです。中には豆や乾物などをストック。もちろん料理にも使っています。

20年愛用している保存容器。フタは黄ばみましたがホーローはピカピカ!

ホーローひとつで下ごしらえから盛りつけまでできるんです！

［下ごしらえ］ ボウルや小鍋などを使っていた作業もホーローにおまかせ

あさりの砂抜き

フタのおかげで水が飛び散らず、内側が白くて吐き出した砂や汚れもよく見える。

ホワイトソース作り

牛乳と小麦粉を混ぜたら、他の材料を加えて煮込むだけで、なめらかなソースになる。

いもをつぶす

ゆでたじゃがいもの湯を切ってホーロー鍋に戻し、ホーローをボウル代わりにしてつぶす。

ジャム作り

ホーローで作るといちごの色がきれいに仕上がる！

［調理］ ほとんどの熱源で使えて、冷凍庫にも入れられる。揚げものも得意！

混ぜる

混ざり具合や色合いが見やすい白い内側が秀逸！ 黒こしょうの量も一目瞭然。

漬ける

ガラス質の表面は傷がつきにくく汚れがつきにくいので衛生的。生ものの保存にも◎。

直火で焼く

バットや保存容器も直火にかけられるから、下ごしらえしたらすぐさま焼ける。

オーブントースター・オーブンで焼く

表面のガラス質は800度以上の熱で焼きつけているから、高温のオーブンも問題なし。

煮る

煮汁が素早く沸いて、弱火で煮込むのも得意。弱い火力で十分なので節約&エコ。

蒸す

沸騰したら弱火にするだけで、蒸しものにちょうどよい温度を保つから、すが入らない！

揚げる

少量の揚げ油でカラッとおいしく揚がるのも、油温を一定にしてくれるホーローならでは。

冷やす

ホーローは素地が鉄なので素早く冷やすのも得意。

料理の下ごしらえから調理までできて、保存もできる。
できた料理をホーローに入れたままテーブルに出せば見映えもパーフェクトでいいことづくし。
たくさんの道具がいらないのであとかたづけもラク。油汚れもスッキリ落とせます。
この本のレシピで使う道具はホーローだけ！
ひとつ作ると、あまりのかんたんさに驚くはず。次々に作りたくなること間違いなしです。

[保存] 酢や梅干しを入れてもへっちゃら。乾物も湿気ない

酢を使っても安心！

レモンや酢のもの、酢漬けを入れてもガラス質ならビクともしない。

発酵食にも！

清潔に管理したい発酵食品も、衛生的なガラス質が雑菌から守ってくれる。

乾物・梅干しにも！

密閉性のあるフタが乾物を湿気らせずに長期保存可能。梅干しを入れても腐食しない。

[器になる] シックな色合いとシンプルなデザインが料理をおいしく見せる！

finish

タンドリーチキン（38ページ）
焼きたての熱々をそのままテーブルへ。

麻婆豆腐（63ページ）
鍋ごとテーブルに運んで、大きく切った豆腐をくずしながらサーブ。

豆腐ときゅうりのぽん酢ジュレサラダ（20ページ）
ぽん酢ジュレを作ったホーローは器としても活躍。

レアチーズケーキ（26ページ）
フタつきの保存容器で作れば持ち運びもラク。

この本のレシピのきまり

- 材料表にある小さじ1は5ml、大さじ1は15mlです。
- 材料の目安はとくに書いていない場合はすべて2～3人分です。
- オリーブオイルはすべてエキストラヴァージンオリーブオイルを使っています。
- オーブントースターの加熱時間は1200Wの場合です。ワット数によって時間を調整してください。
- 加熱時間はすべて鉄板のホーロー製品を使った場合の目安です。ホーロー以外の調理器具を使う際は適宜、加減してください。
- この本では富士ホーローのホーロー製品を使っています。

この本では富士ホーローの道具を使っています

これまでたくさんのホーロー製品を使ってきましたが、
どんなに酷使しても変形したりしないのが
富士ホーロー製のものでした。
丈夫さと使い勝手のよさはばつぐん！
大切に使えば一生ものになります！！

ソリッド20cmキャセロール

私の店の顔にもなっている両手鍋。つやつやの光沢と、どこか懐かしいカラーバリエーションでキッチンに置いておきたくなります。機能性もばっちりです。

W28cm×
D20.5cm×
H13.5cm
容量：3.0ℓ

オールインワン24cm

4～5人分のパスタをゆでたり、茶わん蒸しを4～5個、同時に蒸し上げることもできる大容量の頼もしい鍋。ぴったりサイズのスノコつきで蒸しものが作りたくなります。

W33.5cm×
D25cm×
H17.5cm
容量：3.6ℓ

ソリッド12cmミルクパン

小ぶりですが深さがあるので、少しだけ煮ものを作りたいときに便利。お湯やミルクが早く沸くホーローだから、ひとりでお茶を飲みたいときにも使っています。

W23.5cm×
D12cm×
H10cm
容量：0.75ℓ

ソリッド15cmミルクパン

木製の持ち手つきの片手鍋ってめずらしいですよね。持ち手が熱くならないこと、フタがついているおかげで加熱の早さと保温性もばつぐんで1～2人分の料理に活躍します。

W27.5cm×
D15.5cm×
H11.5cm
容量：1.2ℓ

365methodsホーローオーブンディッシュ浅型S

両サイドについた持ち手がかわいい万能アイテム。オーブントースターでも、魚焼きグリルでも使えるサイズで、器として使ったときの大きさもほどよいです。

W23cm×
D14cm×
H4.5cm
容量：0.9ℓ
エラストマー製フタつき

クッカ浅型角容器S

北欧テイストの柄が、表面のガラス質にぬくもりを添えているほっこりなごみ系のホーロー。眺めていたらスイーツを作りたくなってレアチーズケーキのレシピができました。

各W14.5cm×
D10.5cm×
H4cm
容量：0.42ℓ
エラストマー製フタつき

＊ サイズ表示はW：横幅、D：奥行き、H：高さで、持ち手やフタまでを入れた全体のサイズを計測しています。

chapter 1

ホーローで混ぜるだけ

枝豆とカマンベールチーズの
オリーブオイルマリネ

私は店でも家でも上質なエキストラヴァージンオリーブオイルをよく使います。
オイルの種類には菜種、大豆などいろいろありますが、
種子から搾ったものが多いですよね。
オリーブオイルはオイルとはいうものの、種子ではなくオリーブの果実を搾った
ものなのです。言ってみればオイルでありながらオリーブのジュースなんです。
オリーブオイルは品質のよいものならそのまま食べるのはもちろん、
加熱しても酸化しにくいという心強い特長を持っています。
そして個々のオリーブオイルの特長を知って、合わせる料理をチョイスするという
楽しみがあるのも面白いところ。オリーブオイルを買うときはオリーブの種類や
産地で選んでみたり、オリーブオイルソムリエのいる店で買うのがおすすめです。

材料

枝豆 ……………… 120g
カマンベールチーズ … 2個（200g）
オリーブオイル ……… 適宜

＊ 枝豆はさやごと塩ゆでにしたものを使用。冷凍でもOK。

作り方

1 カマンベールチーズは6等分程度の食べやすい大きさに切る。枝豆はさやから出す。

2 ホーローの皿に**1**を入れ、オリーブオイルでマリネする。すぐに食べてもいいし、そのまま常温に置いてチーズが柔らかくなってから食べるのもおいしい。

さば缶とトマトのぽん酢サラダ

魚は大好きで健康のためにもとりたいと思っていますが、
忙しい毎日の中で鮮度のよいものを買うことがむずかしいとか、
下ごしらえなどが手間だと感じることがありますよね。
さばの水煮缶は鮮度のよいさばに塩をして、缶に詰めて加熱したものだから
手間のかかる下ごしらえは不要。食べやすい大きさにカットされていて
骨ごと食べられますし、缶汁の中にも栄養がたっぷり詰まっています。

表面がガラス質のホーロー容器で作れば
魚のにおい移りも気にならないしそのまま保存することも可能。
おかずにもおつまみにも、かんたんですぐ作れるのが便利です。

材料

さば水煮缶 …… 中2缶
プチトマト ……… 10個
かいわれ大根 … 適宜
ぽん酢 ………… 大さじ8
オリーブオイル … 大さじ4

作り方

1. ホーロー容器にさば（汁は使わない）、半分に切ったプチトマト、適当な長さに切ったかいわれ大根を入れてぽん酢をまわしかける。オリーブオイルを加えて軽く混ぜる。

＊残った缶汁にも栄養がたっぷりなので捨てるのはもったいない！
みそ汁やスープに足して使うのがおすすめです。

サラダシーチキンとパイナップルのマリネ

料理上手の友だちが教えてくれた"サラダシーチキン"のベストパートナーとして思いついたのがパイナップルです。
しっとりとしたまぐろとパイナップルの酸味、マイルドな辛みのピンクペッパーを
オリーブオイルがひとつにまとめてくれます。

材料

サラダシーチキン …… 1パック(60g)
パイナップル(生) … 1/8個
玉ねぎ ………………… 1/4個
オリーブオイル ……… 適宜
ピンクペッパー ……… 適宜

作り方

1　玉ねぎは薄切りに、パイナップルはひと口大に切る。

2　サラダシーチキンを食べやすい大きさに手でほぐしてホーロー容器に入れ、玉ねぎ、パイナップルを加える。オリーブオイルを加えて混ぜ合わせ、ピンクペッパーを散らす。

これがサラダシーチキン。切り身のまま加熱してあるのですぐに使えます。食べごたえもばつぐん！
＊「シーチキン」は、はごろもフーズ株式会社の登録商標です。

たことトマトの柚子胡椒マリネ

たこの歯ごたえにトマトの酸味と甘み、柚子胡椒の風味と塩気を加えたところに
オリーブオイルをまとわせると見た目も華やかな一品に！
赤いふちどりがかわいいホーロー容器は20年くらい使っているもの。大切に使ってきたので今でも現役です。

材料
たこ（蒸したものかゆでたもの）… 300g
トマト …………………………… 小2個
柚子胡椒 ………………………… 小さじ2
オリーブオイル ………………… 大さじ3

作り方
1 たことトマトを食べやすい大きさに切る。

2 ホーロー容器にすべての材料を入れて混ぜ合わせる。

ミックスビーンズサラダ

豆と粒マスタードだけでできるかんたんすぎるサラダです。
粒マスタードはマスタードシードに酢やワイン、砂糖などを加えたもの。
すでに味のバランスが整っているので、豆と混ぜるだけで味が決まります。

材料
ミックスビーンズ … 300g
粒マスタード ……… 大さじ1

＊ミックスビーンズは缶詰やゆでて
パックしてある加熱済みのものを使用。

作り方
1 ミックスビーンズと粒マスタードをホーロー容器に入れて混ぜ合わせる。

きゅうりのライタ

「ライタ」はインドやインド周辺の国でおなじみのヨーグルトサラダ。作りたてもおいしいですが、
10分ほどなじませてから食べるとよりおいしくなります。
時間があるときは、ザルにキッチンペーパーを敷いてヨーグルトを入れて作る
"水切りヨーグルト"で作ると濃厚な味わいに！

材料

- きゅうり …………………… 3本
- プレーンヨーグルト（無糖）… 200g
- にんにく（すりおろす）……… 1かけ
- 塩 …………………………… 小さじ1

作り方

1. きゅうりを1cm角ほどの大きさに切る。
2. ホーロー容器にすべての材料を入れて混ぜ合わせる。

コンビーフのリエット

和風チーズクリーム

2種のタルティーヌ

「タルティーヌ」はパンにジャムやペーストなどを塗ったフランスのオープンサンド。
肉やチーズのペーストを塗れば軽い食事やお酒のおつまみになります。
ホーローの保存容器の中で材料を混ぜるだけのオリジナルペースト2種は、
ぱぱっと作れるのに味も見映えもピカイチ！ フタをすれば冷蔵庫で数日保存できます。

和風チーズクリームは薄切りのかまぼこでサンドするのもおすすめ。
梅干しの代わりに刻んだカリカリ梅で作るのもおいしいですよ。

コンビーフのリエット

材料

コンビーフ …………… 1缶
マヨネーズ …………… 大さじ2
にんにく（すりおろす）… 1/2かけ
塩・こしょう …………… 各少々

作り方

1 コンビーフをホーロー容器に入れ、ほぐしながらほかの材料を入れて混ぜ合わせる。

食べ方

薄くスライスしたバゲット（分量外）にコンビーフのリエットをのせ、挽き黒こしょう（分量外）をふる。

和風チーズクリーム

材料

クリームチーズ（常温に戻す）… 200g
大葉（細かくちぎる）………… 10枚
梅干し ………………………… 1個

作り方

1 ホーロー容器にクリームチーズ、大葉、種を抜いた梅干しを入れて、梅干しを細かくしながらヘラなどで混ぜ合わせる。

食べ方

薄くスライスしたバゲット（分量外）に和風チーズクリームをのせる。

豆腐ときゅうりのぽん酢ジュレサラダ

ひとつの道具でできてしまうのがホーロー容器のよいところ。ボウルや鍋を使わなくても、
ゼラチンを溶かしたり、加熱調理することが可能です。

ぽん酢のぷるぷるジュレは見た目が美しいだけでなく、
豆腐ときゅうりにまんべんなく味がからむ魔法のドレッシング。
海藻や豆など味がしみにくい材料のドレッシングにもぴったりです。

材料

絹ごし豆腐 … 1/2丁
きゅうり …… 1本
長いも …… 5cm
ぽん酢 …… 250mℓ
水 …… 50mℓ
粉ゼラチン … 5g

作り方

1 ジュレを作る容器よりもひとまわり大きい鍋に湯を沸かす。豆腐は食べやすい大きさ、きゅうりと長いもは1cm角ほどの大きさに切る。

2 ホーロー容器に分量の水と粉ゼラチンを入れてふやかす。粉ゼラチンが水を吸ったらぽん酢を加えて**1**の鍋で湯せんして溶かす。ゼラチンが溶けたら粗熱をとり、冷蔵庫で冷やし固める。

3 **2**をスプーンで大きく混ぜてぽん酢ジュレを作る。**1**の豆腐、きゅうり、長いもを加えて混ぜ合わせる。

あさりのサルサヴェルデ

たっぷりのパセリが香り立つワイン蒸しです。熱伝導と保温性がよいホーローで作れば、熱々のままテーブルに運んでおいしく食べられます。ただし、取っ手も熱くなりますから素手で持たないように注意！

材料

あさり（殻つき）	400g
にんにく（みじん切り）	1かけ
パセリ（みじん切り）	大さじ3
白ワイン	大さじ3
レモン汁	大さじ1
オリーブオイル	大さじ4

作り方

1. あさりは3時間程度かけて砂抜きする。

2. 砂抜きしたあさりを手でつかんでザルに入れ、流水をかけながら殻をこすり合わせるようにしてよく洗う。キッチンペーパーで水気をとる。

3. 水分をふきとったホーロー容器に、あさりとほかのすべての材料を入れて中火で加熱する。あさりの殻が開いたら完成。

point

[あさりの砂抜きもホーローで]

容器にあさりを並べる。あさりが重なると、下のあさりが吐き出した砂を上にいるあさりが吸ってしまうので注意！ あさりの殻が少しはみ出す程度まで、塩分3％の塩水を注ぐ。

フタをして冷蔵庫に置き、砂や汚れが底に見えてきたら砂抜き完了。

テリーヌサラダ

一見むずかしそうなテリーヌもホーローの保存容器で作れます。ゼラチンを加熱して溶かすところから、冷蔵庫で冷やし固めるところまでひとつのホーローでできるので洗いものが増えず、あとかたづけもラク！生のままでおいしい材料を使っているのであっという間に作れます。

材料

アスパラガス	3本
にんじん	1/4本
オクラ	3本
ベビーコーン（ゆでたもの）	3本
水	400ml
粉ゼラチン	10g

作り方

1 ホーロー容器に分量の水とゼラチンを入れてふやかす。アスパラガス、にんじん、オクラ、ベビーコーンを細かく切る。

2 鍋かボウルに湯を沸かし、1のホーロー容器の底を湯につけて、湯せんでゼラチンを溶かす。1の野菜を加えて混ぜ、冷蔵庫で冷やし固める。

3 しっかり固まったら、ホーロー容器の底に流水をあてて容器から取り出す。食べやすいサイズに切って皿に盛る。塩やバルサミコこうじ（作り方は32ページ）とオリーブオイル（ともに分量外）をかけて食べる。

容器をゆらしてみて、水が動く感触がなければ完成。

プチトマトとオクラの酢漬け

表面がガラス質のホーロー容器は塩や酸に強いのでピクルス作りや保存に最適。
使い終わったあともホーローに酢のにおいがつく心配もありません。
作ったら冷蔵庫で保存。漬けた翌日から食べるのがおすすめです。

材料

プチトマト（赤・黄合わせて）… 1パック
オクラ …………………… 3本
塩 ………………………… 小さじ1/3
砂糖 ……………………… 大さじ3
酢 ………………………… 1カップ

作り方

1. プチトマトとオクラのヘタを取り除く。

2. ホーロー容器に塩、砂糖、酢を入れて混ぜ、中火にかける。沸騰したらプチトマトとオクラを加えて火を止める。

ホーローは冷やすのも得意

白くて冷たいおやつ

ホーローは鉄とガラスのよいところをかけ合わせてできている道具。熱伝導率がよくて
火にかければすぐに温まり、冷たくしようとすればすぐに冷えるのが特長です。
そしてすぐに熱くなるし、冷たくもできる一方で、保温性があるのも利点。
相反するような性質を持っているホーローって面白いなといつも思っています。

このミルクゼリーは牛乳かんに近い仕上がりですが、
ぷるぷるの食感に仕上げたかったのでゼラチンを使いました。
ゼラチンはグラグラと煮立たせてしまうと固まりにくくなることがあるので、
失敗しないように湯せんで作るレシピにしています。
粉ゼラチンで作るゼリーはダマができることもありますが、レシピ通りに作れば大丈夫！

私はかんたんでおいしいこのレシピがお気に入りで、
黄色のかわいいホーローで作って友人の家によく持って行きます。
フタを開けた瞬間の、みんながよろこんでくれる顔を見るのがうれしくてくり返し作っています。

ミルクゼリー

材料

牛乳 ………… 500㎖
砂糖 ………… 大さじ4
水 …………… 100㎖
粉ゼラチン …… 10g

みかん（缶詰）… 適宜

作り方

1 ミルクゼリーを作る容器よりもひとまわり大きい鍋に湯を沸かす。

2 ホーロー容器にみかん以外の材料を水、粉ゼラチン、牛乳、砂糖の順に入れて材料を加えるたびによく混ぜる。**1**の鍋で湯せんしながらヘラなどでさらに混ぜ、砂糖とゼラチンをよく溶かす。

3 砂糖とゼラチンがしっかり溶けたら粗熱をとり、フタをして冷蔵庫で冷やし固める。固まったらみかんをのせる。

レアチーズケーキ

ゼラチンで冷やして固めるデザートにはいろいろありますが、作るとき、洗うときのことを考えると、
何となくハードルが高いのがレアチーズケーキ。私のチーズケーキは
クッキーで土台を作らないスコップタイプのもの。ホーローで作れば道具はひとつ、
かんたんに作れるのに見映えもするのもうれしいですよね。
ホーローで作れば冷えて固まるのも早くてよいことばかりです。

材料

クリームチーズ（常温に戻す）… 200g
プレーンヨーグルト（無糖）……… 200g
砂糖 ………………………………… 50g
レモン汁 ………………………… 大さじ1
粉ゼラチン ………………………… 5g
水 …………………………………… 50ml
レモン（半月切り）………… 1/2個
＊無農薬栽培のもの

＊2つの容器で作るときは、大きな保存容器で作り、冷やし固める前に等分する。

作り方

1. 容器よりもひとまわり大きい鍋に湯を沸かす。

2. ホーロー容器にクリームチーズ、ヨーグルト、砂糖、レモン汁、粉ゼラチン、水を加えてよく混ぜる。

3. 1の鍋に2のホーロー容器の底をつけて湯せんしながらよく混ぜてゼラチンを溶かす。しっかり溶けたら粗熱をとり、レモンをのせてフタをして冷蔵庫で冷やし固める。

いちごのアイス

ホーローは冷凍庫に入れても大丈夫！ アイスクリームだって作れるんです。
アイスクリームメーカーは必要ありませんし、どんどん混ぜるだけでOK！
このアイスを作りはじめると市販のアイスに足が遠のくほど絶品の仕上がりです。

プラスチックのフタを冷凍庫で使うと割れやすいのですが、富士ホーローの容器はフタにエラストマーという
素材を使っていて割れることもなく、冷えてもやわらか。開け閉めもしやすいので助かっています。

材料（作りやすい分量）

いちご（ヘタをとる）………… 1/2パック（125g）
砂糖 …………………………… 65g
生クリーム …………………… 200mℓ
プレーンヨーグルト（無糖）… 250g
レモン汁 ……………………… 大さじ1/2

A

B

作り方

1 ホーロー容器にいちごを入れて砂糖を全体にまぶす。中火にかけてジャムを作る。いちごから果汁が出てとろっとしてきたら完成。火からおろして粗熱をとる。（写真A）

2 ボウルに生クリームを入れて固く泡立てる。クリームをすくったときにピンと角が立てばOK。**1**のいちごジャムにヨーグルト、レモン汁とともに加えてよく混ぜる（写真B）。フタをして冷凍庫に入れる。

3 1〜2時間してある程度固まってきたら大きなスプーンで全体をかき混ぜて空気を含ませる。再び冷凍庫に入れ、ふちが固まってきたらもう一度混ぜる。1時間に1回ほど混ぜるのを2〜3度くり返してなめらかになったらできあがり。

ひとつのホーローで作る
"混ぜるだけ"パスタ4

時間をかけて煮込むミートソースやトマトソースも好きですが、
ふだんの食事ではゆでて混ぜるだけのパスタをよく作ります。
パスタをゆでた鍋で具材と混ぜるので洗いものも少なくてすみます。

一般的なカルボナーラのレシピでは
ベーコンを炒めることが多いですが、
日本製の市販のベーコンなら
加熱殺菌してあるので炒めなくても大丈夫。
脂身がスパゲティの
熱で温まればおいしく食べられます。

混ぜるだけパスタはスパゲティを
ゆでるときの塩の量が肝心です。
スパゲティに塩味がつけば、
あとから塩を加えなくても
具材に含まれている塩分で
ちょうどよい塩加減になります。

混ぜるだけパスタ 1 **カルボナーラ**

材料

ベーコン（短冊切り）…… 1枚
卵黄 …………………… 2個
パルメザンチーズ（粉）… 大さじ4
挽き黒こしょう ………… 適宜
スパゲティ（1.6mm）…… 200g

作り方

1 鍋に湯を沸かし、お湯1ℓに対して塩小さじ2（分量外）を入れてスパゲティをゆでる。スパゲティ200gなら2ℓのお湯でゆでるのが理想的。

2 パッケージに表示されているゆで時間通りにゆでたらスパゲティをザルにとる。鍋のゆで汁は捨てる。鍋にスパゲティを戻し入れ、ベーコン、卵黄、パルメザンチーズ、黒こしょうを加え混ぜ、皿に盛る。鍋の余熱とスパゲティの熱で卵黄がクリーミィなソースになる。

混ぜるだけパスタ2 しらすとレモン

釜あげしらすの季節には、レモンとオリーブオイルでさっぱりパスタに。
このパスタを作るときは無農薬のレモンを。
今回使ったレモンは「レモネード」という品種です。
無農薬のものが手に入らないときはレモンの皮をむいてくださいね。

材料

しらす …………………… 大さじ4
レモン（いちょう切り）… 1/2個
＊無農薬栽培のもの

スパゲティ（1.6mm）…… 200g
オリーブオイル ………… 適宜
万能ねぎ（小口切り）… 少々

作り方

1. 鍋に湯を沸かし、お湯1ℓに対して塩小さじ2（分量外）を入れてスパゲティをゆでる。スパゲティ200gなら2ℓのお湯でゆでるのが理想的。

2. パッケージに表示されているゆで時間通りにゆでたらスパゲティをザルにとる。鍋のゆで汁は捨てる。鍋にスパゲティを戻し入れ、しらす、レモン、オリーブオイルを加えて混ぜる。皿に盛り、万能ねぎを散らす。

混ぜるだけパスタ 3　トマトとツナ

春から夏によく作るのが、ゆでたてパスタを生トマトで和えるスパゲティです。
熱々のスパゲティに生のトマトを和えると、トマトの切り口がとろっとなじみ、
トマト果汁とエキストラヴァージンオリーブオイルだけで極上のソースになります。
このソースに合わせるのはツナ缶がベスト。ツナのしっとりとした食感と薄い塩味がよく合います。

材料

トマト（1〜2cm角に切る）… 2個
ツナ ………………………… 1缶
スパゲティ（1.6mm）……… 200g
オリーブオイル ………… 適宜

作り方

1　鍋に湯を沸かし、お湯1ℓに対して塩小さじ2（分量外）を入れてスパゲティをゆでる。スパゲティ200gなら2ℓのお湯でゆでるのが理想的。

2　パッケージに表示されているゆで時間通りにゆでたらスパゲティをザルにとる。鍋のゆで汁は捨てる。鍋にスパゲティを戻し入れ、汁気を切ったツナとトマト、オリーブオイルを加えて混ぜる。

混ぜるだけパスタ4　ナポリタン

ナポリタンといえば、フライパンでケチャップと炒めるイメージですが、
炒めなくてもちゃんとナポリタンが作れます。ポイントは玉ねぎをできるだけ薄く切ること。
こうしておけばスパゲティの熱で玉ねぎがしんなりします。ピーマンとウィンナーはちょっと温まれば十分。
フライパンで炒めて作るとケチャップを洗うのがたいへんですが、
ホーローで和えて作れば洗いものも減るし、洗うのもラクチンです。

材料

ウィンナー（斜めに薄く切る）	2本
玉ねぎ（薄切り）	1/4個
ピーマン（輪切り）	2個
ケチャップ	大さじ3
中濃ソース	小さじ1
スパゲティ（1.6mm）	200g
挽き黒こしょう	少々

作り方

1　鍋に湯を沸かし、お湯1ℓに対して塩小さじ2（分量外）を入れてスパゲティをゆでる。スパゲティ200gなら2ℓのお湯でゆでるのが理想的。

2　パッケージに表示されているゆで時間通りにゆでたらスパゲティをザルにとる。鍋のゆで汁は捨てる。鍋にスパゲティを戻し入れ、ウィンナー、玉ねぎ、ピーマン、ケチャップ、ソースを加えて混ぜる。皿に盛り、黒こしょうをふる。

体においしい！こうじで作るたれ4種

こうじが大好きです。一時期ブームになり、おいしさは広く知られるところとなりましたが、自分で作るのはハードルが高いと感じている方も多いと思います。

こうじは発酵食品。容器が清潔なこと、調味料の味を変化させずに発酵のおいしさを出せる保存容器で作ることが大切です。そう聞くと何だかむずかしそうですよね。でも、それってホーローが得意なこと！

ホーローなら表面がガラス質なので安心して作れます。材料を入れてかき混ぜるだけ！ こうじとしょうゆ、こうじと塩の組み合わせで味が深まり、かけただけでも「おいしい！」と言ってしまうような調味料をかんたんに作ることができますよ。そしてこうじの効果で味の満足度が上がるばかりか、調味料を使う量が減らせたり、発酵でお腹の調子がよくなったりとうれしい効果もあります。

こうじで作るたれ1 しょうゆこうじ

材料

米こうじ（乾燥タイプ） … 100g
しょうゆ ………………… 100ml

作り方

1. ホーロー容器に米こうじとしょうゆを入れ、空気に触れさせるようによくかき混ぜる。混ぜると出てくる小さな気泡は、こうじが呼吸をしている証拠。

2. しばらくしてこうじがしょうゆを吸ってふくらみ、こうじがしょうゆに浸っていない状態になったら、こうじがしっかり浸るまでしょうゆ（分量外）を適宜追加して、清潔なスプーンでよくかき混ぜる。

3. 常温に置き、1日に1回かき混ぜて5日目くらいにとろみが出てきたら完成。冷蔵庫で2週間ほど保存できる。

こうじで作るたれ2 バルサミコこうじ

材料

しょうゆこうじ（作り方は左を参照） … 大さじ3
バルサミコ酢 ……………………… 大さじ1
砂糖 ………………………………… 大さじ1

作り方

1. すべての材料を混ぜ合わせる。

おすすめの食べ方

肉やぶり、さんまなどの焼き魚につけてもおいしい。オイルを足してドレッシングにしても。

冷や奴の[しょうゆこうじ]がけ

しょうゆがほんのり甘くなるので豆腐の味がより感じられます。万能ねぎで風味を添えて。

さけの[塩こうじ]漬け

生魚を塩こうじに漬けてひと晩置いて焼くと、身がしっとりして塩焼きとは違うおいしさに！

こうじで作るたれ3 塩こうじ

材料

米こうじ（乾燥タイプ）… 100g
塩 ……………………… 35g
水 ……………………… 適宜

作り方

1. ホーロー容器に米こうじ、塩を入れ、ひたひたになるまで水を加え、空気に触れさせるようによくかき混ぜる。混ぜると出てくる小さな気泡は、こうじが呼吸をしている証拠。

2. しばらくしてこうじが塩水を吸ってふくらみ、こうじが塩水に浸っていない状態になったら、こうじがしっかり浸るまで水を適宜追加して、清潔なスプーンでよくかき混ぜる。

3. 常温に置き、1日に1回かき混ぜて5日目くらいにとろみが出てきたら完成。冷蔵庫で2週間ほど保存できる。

こうじで作るたれ4 マスタードこうじ

材料

塩こうじ（作り方は左を参照）… 大さじ3
粒マスタード ……………… 大さじ1

作り方

1. すべての材料を混ぜ合わせる。

おすすめの食べ方

フライドポテトやハンバーガー、白身魚につけてもおいしい。オイルを足してドレッシングにしても。

ホーローをもっと知ろう！

ホーローは鉄とガラスでできている

ホーロー用の特殊な鋼板にガラスの釉薬をかけ、800度以上の高温で焼きつけて作られています。鉄とガラスといったまったく違う2つの素材を結合させて、それぞれのよい点を組み合わせているのが特徴。この技術は紀元前からあり、昔から長く愛用されてきた道具です。

ホーローは鋼板の上にガラス層があります。ガラス層は黒色の下地層と、その上に着色した釉薬を重ねた2層構造になっています。熱伝導のよい鉄をガラスでコーティングしているため、耐熱性が高く、保温性にも優れています。鋼板部分を鋳物で作ると重たいホーローになります。

環境にやさしい

ホーローの素地は鉄を主体とした鋼板ですが、表面をガラスでコーティングしているので金属イオンが出ません。また、原料は自然界にある鉱物の鉄とガラスなので、廃棄されれば分解されて自然に還ります。回収されれば再利用が可能で、環境にやさしい素材なのです。

日本基準の安心設計

富士ホーローのホーロー製品は、日本のJIS基準規格をクリア。製品についている「Sマーク」は日本琺瑯工業会独自の認定マークで、鋼板の厚さ、底の形状、耐熱、衝撃性などの基準を満たしたという安心・安全の証です。

中火〜弱火でOK

沸くまで中火 / その後は弱火でOK

ホーローは熱伝導がとてもよいので、お湯を沸かすときでも中火で十分。料理するときは煮汁が沸くまでは中火、沸騰したら弱火にしてもグツグツした状態を保てます。保温性もばつぐんなので余熱調理もできます。ガス代の節約にもエネルギーの節約にもなります。

シリコン、木、竹のへらがおすすめ

金属製のヘラを使うと、ホーローに金属の色がつくことがあります。ホーローよりも硬度が低い金属の場合、金属が削れて付着するためです。シリコンや木、竹製のものを使えば安心です。金属製のものを使う場合は、強くぶつけたり、力を入れてこすらないようにします。

chapter 2

ホーローで焼くだけ

ハッセルバックトマトとローストポテト

ハッセルバックはスウェーデンにある老舗ホテル"ハッセルバッケン"が発祥のじゃがいも料理。
焼くと切り込みを入れた部分がジャバラに開く華やかなひと皿です。
私がよく作るのは、じゃがいもよりも焼き時間が短くてすむトマトのハッセルバック。
とはいえローストポテトも捨てがたいので、
トマトと同じ時間で焼き上がるようにカットして同じバットで焼きました。
ホーローのバットはオーブンで焼いて、そのままテーブルに出せる頼りになる道具。
選んだのはふちの水色が北欧を感じさせるもの。
食器と並べても見劣りしないのがホーローの魅力です。

材料

トマト ………… 大1個
スライスチーズ … 4〜5枚
じゃがいも ……… 3個
塩・こしょう ……… 各ひとつまみ
オリーブオイル … 適量

作り方

1. スライスチーズを半分に切る。じゃがいもはよく洗ってひと口大に切る。オーブンを200度に予熱する。

2. トマトは5mm間隔に8〜10の切り込みを入れる。切り込みにスライスチーズをはさむ。

3. バットに**2**のトマトを置き、まわりにじゃがいもを並べて全体に塩・こしょうをふり、オリーブオイルをまわしかけて200度のオーブンで30分ほど焼く。

point

トマトの向こう側と手前側に割り箸を置いて切り込みを入れる。下まで切れず、程よく深い切り込みが入る。

スライスチーズを冷凍しておくとトマトにはさみやすい。

タンドリーチキン

スパイスをなじませ、ヨーグルト効果で肉を柔らかくするために漬け込む時間が必要ですが、
待つ時間がおいしさを増してくれます。2日ほどは冷蔵庫で漬けておけるので
手が空いたときに仕込んでおけばあとは焼くだけ！
「早く食べたい！」というときは、
タンドリーだれを手で鶏肉にもみ込んでください。手がかなりいい仕事をしてくれます。

フタつきのホーロー容器で仕込めばカレーの香りが外へ出ることなく、
カレーの色素が沈着する心配もありません。そして食べるときはそのまま焼けるなんてとっても便利。
テーブルにそのまま出してもかわいいホーロー容器なら、
漬ける・焼く・盛りつけるまですべてできるのもありがたいですね！

材料

鶏もも肉 ……………………… 1枚（300g）

[タンドリーだれ]
  にんにく（すりおろす）……… 1かけ
  しょうが（すりおろす）……… 1かけ
  プレーンヨーグルト（無糖）… 大さじ3
  ケチャップ ………………… 大さじ1
  カレー粉 …………………… 小さじ1
  塩・こしょう ………………… 各少々

作り方

1 鶏肉を6等分にする。ホーロー容器に[タンドリーだれ]の材料をすべて入れて混ぜ合わせる。鶏肉を入れてタンドリーだれをからめ、フタをして冷蔵庫で1時間ほど漬け込む。時間がなければ肉にタンドリーだれをよくもみ込む。

2 オーブンを200度に予熱する。**1**のホーロー容器のフタをはずし、皮を上にして並べてからオーブンに入れ、200度で20分ほど焼く。

牛肉とアボカドの甘辛焼き

肉にたれをからめてオーブントースターに入れたら、タイマーをセットするだけ。
フライパンを使って焼くと、フライパンの前に立ってひっくり返したり、火加減を調節しないといけませんが、
オーブントースターなら焼いている間にほかのことができます。
ホーローは空だき厳禁なのでごま油を少し多めに入れますが、
そのおかげで肉がジューシーに焼けて、ごま油の香ばしさが香ります。

材料

牛カルビ肉 …… 200g
アボカド ……… 1個

[甘辛だれ]
　白いりごま …… 適量
　コチュジャン … 大さじ2
　しょうゆ …… 大さじ1
　ごま油 ……… 大さじ2

作り方

1 牛肉とアボカドを食べやすい大きさに切る。

2 ホーロー容器に[甘辛だれ]の材料を入れて混ぜ合わせる。**1**の牛肉とアボカドを加えてたれとからめる。

3 オーブントースターで10分ほど焼く。

point

熱伝導がよいので底にある肉にもちゃんと火が入るから、肉が多少重なってもOK！ 空だきしないためにたれが容器の底に広がっていることが大事。

ガーリックシュリンプ

ハワイのビーチで人気のガーリックシュリンプはホーローのお皿にのせて焼き、そのままテーブルへ！
ホーローのすごいところは、お皿でも調理から食卓までいろんなシーンで使えること。
かわいいホーローのお皿ならアウトドアでも室内でも大活躍間違いなしです。

材料

えび（殻つき）………… 大10尾
にんにく（みじん切り）… 2かけ
塩・こしょう ……………… 各ひとつまみ
オリーブオイル ………… 大さじ3
バター …………………… 20g
パセリ（みじん切り）…… 少々

作り方

1 ホーロー皿、またはホーロー容器に殻つきのえびを入れて塩・こしょう、にんにく、バターをのせる。最後にオリーブオイルをまわしかけ、オーブントースターで10分ほど焼く。焼き上がったらパセリをふる。

＊用意したえびの大きさに合わせて加熱時間を増減してください。

フレスケスタイ風ロースト

デンマークでお祝い事などがあるときに食べる"フレスケスタイ"は、
皮つきの豚ばら肉にローリエをはさんで塊のままローストする料理です。
私は皮がついていないブロック肉ににんにくをはさんで作りますが、インパクトのある見た目は
お客様から歓声が上がることも。クリスピーな食感に焼き上がる脂身のところは奪い合いになること必至です。
ホーローの空だきを防ぐためにオリーブオイルをかけるのがポイント。
焼いている間に豚ばら肉から脂が落ちてくるので容器の底にオイルが広がればOKです。

材料

豚ばら肉（ブロック）	500g
にんにく（2mm幅に切る）	4かけ
塩・こしょう	適宜
しめじ（石づきを除いて小房に分ける）	100g
プチトマト（ヘタをとる）	6個
オリーブオイル	適宜

作り方

1 オーブンを200度に予熱する。豚ばら肉の脂身を上にしてまな板に置き、5mm幅に切り込みを入れる。下まで切らないように注意！

2 塩・こしょうを豚肉にすり込み、**1**で入れた切り込みににんにくをはさむ。

3 バットに**2**の豚肉、しめじ、プチトマトを並べて上からオリーブオイルをまわしかけ、200度のオーブンで40分ほど焼く。

さけのみりん焼き

みりんのまろやかな甘みが決め手の魚のみりん焼きは和食の定番。ですが、魚焼きグリルで焼くと網がベタついてあとかたづけが面倒だし、フライパンで焼くと焦げつきやすい……。
そこでホーロー容器に薄切りにした玉ねぎを敷いて焼くことを思いつきました。
玉ねぎから水分と甘みが出るので魚がふっくらとおいしく焼き上がります。
お弁当やごはんのおかずにも大活躍します。

材料

さけ ………… 2切れ
玉ねぎ（薄切り）… 1/2個

[みりんだれ]
　しょうゆ ………… 大さじ2
　みりん …………… 大さじ5
　白いりごま …… 少々

作り方

1. ホーロー容器に[みりんだれ]の材料を入れて混ぜ、玉ねぎ、さけの順に入れて10分ほど置く。

2. 白いりごまを適量（分量外）追加でふりかけ、オーブントースターで5分ほど焼く。

＊ 時間がないときは、時間を置かずに焼いても大丈夫。

きのこの油揚げポケット

油揚げを半分にしてポケットを作り、そこにきのこをまとめた一品。
箸でつまみやすく、口の中できのこのうまみが広がります。ひたひたのつゆを注いで焼くので、
つゆに浸ってしんなりしたところとカリッと焼けたところ、ふたつの食感も楽しめます。
手軽においしいものを作り、食べることを日々考えている私に欠かせないのがホーローたち。
このレシピを作るには「浅型角容器」のMが活躍します。

材料

油揚げ	2枚
まいたけ	100g
えのきたけ	1/2株(50g)
万能ねぎ（小口切り）	適宜

[つゆ]
水	60ml
めんつゆ（3倍濃縮タイプ）	30ml

作り方

1 油揚げは半分に切り、中を広げて切り口を折り返す。まいたけとえのきたけは食べやすい長さに切る。油揚げにきのこを詰める。

2 ホーロー容器に[つゆ]の材料を入れて混ぜ、1で作った油揚げのポケットを置いてオーブントースターで3分ほど焼く。焼けたら万能ねぎを散らす。

さばのみそ煮焼き

煮魚は手間がかかると敬遠している人も多いのではないでしょうか。
ハードルが高そうに感じるさばのみそ煮も、
ホーロー容器を使ってオーブントースターで焼いてしまえば味のしみ方も火の通りも解決。
表面のこんがり焼けた皮までおいしく食べられます。
ホーローにみそがこびりついても大丈夫。
洗うときはするっと落ちてにおい残りがないのもホーローのうれしいところです。

材料

さば ･････････････････ 2切れ
しょうが（薄切り）･････ 3枚ほど
長ねぎ（7cm長さに切る）･･･ 1/2本

[みそだれ]
砂糖 ････････････････ 大さじ1
酒 ･････････････････ 大さじ4
みそ ････････････････ 大さじ3

作り方

1 ホーロー容器に[みそだれ]の材料を入れて混ぜ合わせ、しょうがを並べる。さばをのせて長ねぎを置き、スプーンで[みそだれ]をさばの上にかける。

2 オーブントースターで5分ほど焼く。

ポークジンジャー

「さけのみりん焼き」と同じように玉ねぎスライスを敷いて肉をのせて焼くしょうが焼きです。しょうがの風味を立たせるためにみじん切りにするのがコツ。ホーローのお皿で作ると、たれを作って焼いて、そのまま器として出せるので洗いものが減ります。ホーローの保存容器で作ると、仕込んでおいてフタをして冷蔵庫に入れておけば、食べるときに焼けばいいだけなのでとてもラクです。

材料

豚ロース肉（厚切り）……2枚
玉ねぎ（薄切り）………1/4個

[しょうが焼きだれ]
 砂糖 ………………… 大さじ2
 酒 …………………… 大さじ2
 みりん ……………… 大さじ3
 しょうゆ …………… 大さじ3
 しょうが（みじん切り）… 1かけ

作り方

1. ホーロー容器に玉ねぎと[しょうが焼きだれ]の材料を入れて混ぜ、豚肉を入れてからめる。

2. オーブントースターで10分ほど焼く。

ホーローで焼き肉

カルビの焼き肉もホーローで作れます！ホーローの中でたれを作って、肉と野菜を入れて焼くだけ。
そのままテーブルに運べば、ホーローの保温効果でおいしく食べられます。
焼き肉のたれはコチュジャンと砂糖が決め手。たった4つの調味料で焼き肉屋さんの味が再現できます。

材料

牛カルビ肉 …………… 200g
玉ねぎ（1cm幅に切る）… 1/2個
ピーマン（乱切り）……… 2個

[焼き肉のたれ]
　砂糖 ……………… 大さじ1
　酒 ………………… 大さじ4
　しょうゆ ………… 大さじ4
　コチュジャン …… 大さじ2

作り方

1. ホーロー容器に[焼き肉のたれ]の材料を入れて混ぜ合わせる。牛肉、玉ねぎ、ピーマンを加えてたれをからめる。

2. 直火かオーブントースターで焼く。直火の場合は中火で好みの焼き加減に、オーブントースターの場合は10分焼くのが目安。

ぶりのペペロンチーノ

パンやパスタに合わせる魚料理ならペペロンチーノがかんたん、おいしいナンバーワン！
オリーブオイルとにんにくと鷹の爪さえあれば作れます。
さんまやいわし、まぐろ、かじきなどバリエーションも楽しめます。
魚を焼いたあとのオイルには魚のうまみが溶けているので
パンにつけたり、パスタにからめたり、ゆで野菜にかけたりしてぜひ食べ切って。
ただし、冷蔵庫でオイルを保存すると、
室温と冷蔵庫の温度差でオリーブオイルが酸化しやすいので気をつけて。

材料

ぶり	2切れ
塩・こしょう	各少々
にんにく（2mm幅に切る）	2かけ
鷹の爪	適宜
オリーブオイル	適宜

作り方

1　ぶりの両面に塩・こしょうをふる。ホーロー容器にぶりを置き、にんにくと鷹の爪を散らしてオリーブオイルをまわしかける。ホーロー容器の底にオイルがゆきわたるようにする。

2　オーブントースターで7分ほど焼く。

ローストチキン

たれと骨つきの肉をホーローに入れたら、オーブンで焼くだけで、照りってりのローストチキンが作れます。
かんたんにおいしいローストチキンが焼けるのもホーローならでは！
たれに漬け込む調理バットの役目と、チキンを焼くオーブン板の役割
（たれや肉汁が広がらないのでオーブンも汚れない！）、ホーローの保温効果でかんたんに
おいしく作れます。途中でひっくり返すときれいに仕上がりますよ。

材料

骨つき鶏もも肉 … 2枚（1枚＝350gほど）
砂糖 …………… 大さじ2
酒 ……………… 大さじ3
しょうゆ ………… 大さじ3
みりん ………… 大さじ3
ケチャップ ……… 大さじ2

作り方

1 オーブンを210度に予熱する。ホーロー容器にすべての調味料を入れて混ぜ合わせる。骨つき鶏もも肉を入れてたれを全体にからめる。

2 210度のオーブンで焼く。途中でひっくり返し、トータルで20分ほど焼く。

キムチチーズ鍋

店でも自宅でも、手作りしたキムチを使ってよく作るメニューのひとつです。
キムチにカマンベールという組み合わせに、
とろとろのチーズとお餅を合わせてボリュームを出しました。
おかずにもおつまみにもなるひと皿ですし、
ホーローならにおいも色もスッキリ洗えるので安心ですよ。

材料

カマンベールチーズ（6つに切る）	1個（100g）
キムチ	300g
餅	1～3個
水	200mℓ
めんつゆ（3倍濃縮タイプ）	大さじ1
万能ねぎ（小口切り）	適宜

作り方

1 ホーロー容器に水とめんつゆ、キムチを入れて混ぜる。中央に餅を置き、その上にカマンベールチーズをのせる。

2 1を中火にかけて煮る。沸騰したら弱火にしてチーズが溶けたら火を止める。万能ねぎを散らして完成。

赤飯とホーロー鍋で炊くごはん

熱伝導のよいホーローの鍋はお米を炊くのも得意です。
おめでたい日に用意したい赤飯も、日々のごはんに欠かせない白米もふっくらつやつやに炊けます。
米は長く水につけると粒が割れてしまうので浸水時間は20〜30分でOK。
米粒が水を吸って白濁してきたら完了です。

赤飯に使う小豆は先に煮ますが、20分ほどで米と炊ける柔らかさになります。
赤飯も白米も、直火で炊くと炊飯器よりも短い時間で炊けるので早く食べたいときにも便利です。

赤飯

材料

小豆 … 100g　　もち米 ……… 1合
米 …… 1合　　小豆の煮汁 … 450㎖

作り方

1. ホーロー鍋でもち米と米を合わせてとぎ、かぶる程度の水(分量外)に20〜30分つける。

2. 小豆と、小豆がかぶるくらいの水(分量外)をホーロー鍋に入れて中火で沸騰させる。煮立ったらゆで汁を捨てる。再び小豆と水500㎖(分量外)を鍋に入れて中火にかけ、小豆の表面が柔らかくなるまで弱火で20分ほどゆでる。小豆と煮汁を分けて粗熱をとる。

3. **1**の米をザルに上げて水を切る。**2**で使ったホーロー鍋に入れ、小豆の煮汁(450㎖に足りない場合は水を加える)と小豆を入れて、フタをし、弱めの中火にかける。

4. 10分ほどで沸騰してフタがカタカタと音を立てたら、弱火にして5分加熱する。火を止めて3分ほど蒸らす。

白米

材料

米 … 2合
水 … 450㎖

作り方

1. ホーロー鍋で米をとぎ、かぶる程度の水(分量外)に20〜30分つける。

2. 米をザルに上げて水を切る。再びホーロー鍋に入れて分量の水を注ぐ。フタをして弱めの中火にかける。

3. 10分ほどで沸騰してフタがカタカタと音を立てたら、弱火にして5分加熱する。火を止めて3分ほど蒸らす。

[ホーローで炊くごはんの注意]
＊ 使った鍋は富士ホーローの「ソリッド」シリーズ。鍋によっては沸騰しても音がしないことがあります。その場合は、湯気が吹き出すのを確認するか、フタを開けて確認してください。

point

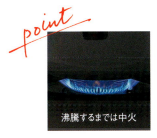

沸騰するまでは中火

鍋底の中央の1/3部分に火があたり、鍋底まで火が届いているのが中火。ホーロー容器を直火にかけるときは中火が基本です。
＊ 米を炊くときは中火と弱火の中間の火加減で炊きはじめます。

沸騰したら弱火

鍋の中の水分が沸騰したら鍋全体が十分に温まった証拠です。鍋底に火が届かない弱火の状態で加熱すると一定の温度を保てます。

＊ IHの場合は必ず「中」以下から使ってください。急激に温度が上がるとホーロー表面のガラスが割れることがあります。

ホーローは使い勝手もばつぐん！

直火もオーブンもIHもOK！

ホーローは直火もオーブントースターも、オーブンも、魚焼きグリルでも、IH調理器具でも使えます。ただし、電子レンジは使えないのでご注意を。

＊IH調理器具では底の接地径が12cm以下の小さなものは反応しないことがあります。

焦げつきは重曹でするっと落ちる

オーブン料理や直火で使うと、煮詰まった汁が焦げつくこともあります。でも、ホーローならさっとスポンジでなでるだけで落ちます。焦げつきが頑固なときはひとまわり大きな鍋に湯を沸かして、重曹（湯1ℓに対して大さじ1）と焦げついたホーローを入れて沸騰させると、汚れが面白いようにはがれます。

油性マジックでメモ書きできる！

表面がガラス質だから、油性のマジックで中身や日付を書いておけます。洗うときにスポンジで少しこすれば落ちますし、間違ったら水でぬらしたキッチンペーパーでかんたんに消えます。

片手でフタを開閉できとっても丈夫!

富士ホーローの樹脂のフタのほとんどは、ふちにエラストマーという素材を使っていて、片手で開け閉めできるほど柔らかく、とても丈夫。冷凍保存に使っても劣化しにくく、破れにくい。

透明度の高いフタは重ねて保存も可能!

中央の透明な部分はポリプロピレンという素材を使っていて、透明度が高く、中身も丸見えです。しっかりとした作りなので、重ねて保存してももちろん大丈夫です。

chapter 3

ホーローで煮るだけ

バターチキンカレー

本格的なカレーをもっと作りやすくできたらいいのにな……と考えて、
市販のルーにちょい足しすることを思いつきました。
ちょい足し材料はごくありふれたものばかり。だけどお店みたいな味になるんです！
ホーローなら煮込み時間も短くて済み、
洗いものが心配なカレーの油汚れもするんと落ちるのでラクチンですよ。

材料

鶏手羽元肉	200g
玉ねぎ（薄切り）	1個
プレーンヨーグルト（無糖）	100g
にんにく（すりおろす）	1かけ
しょうが（すりおろす）	1かけ
トマト水煮缶（カットタイプ）	1缶（400g）
水	600mℓ
市販のカレールー	1箱（200〜230g）
バター	20g

作り方

1 ホーロー鍋にカレールーとバター以外の材料をすべて入れ、フタをして弱めの中火にかける。煮立ったら弱火にする。

point

トマト缶とヨーグルトを別々に入れると、トマトの酸でヨーグルトが分離することがあるので、トマト缶にヨーグルトを少量混ぜてから鍋に入れる。

2 20分ほどして鶏肉が柔らかくなったらカレールーを加えて溶かす。ルーが溶け切ったらバターを入れて火を止める。

揚げない酢豚

「酢豚も鍋ひとつで作れる」と言うと、「え!?」と不思議な顔をされます。
普通の酢豚は衣をつけた豚肉を油で揚げて、別に野菜を炒めて、
最後にたれをからめるので少し手間ですよね。
私の酢豚はホーローひとつで仕上げます。
ホーローの優れた熱伝導率がよい仕事をしてくれて肉がジューシーに仕上がります。

意外なことにホーローって中華料理も得意なんですよ。

材料

豚ばら肉（ブロック）… 300g
にんじん ……………… 1本
玉ねぎ ……………… 1個
パプリカ（赤）……… 1個
ピーマン ……………… 2個

[酢豚のたれ]
　水 ……………… 300㎖
　砂糖 ……………… 大さじ1
　しょうゆ …………… 大さじ2
　酢 ……………… 大さじ2
　ケチャップ ………… 大さじ4
水溶き片栗粉 …… 大さじ6（片栗粉:大さじ2 ＋ 水:大さじ4）

作り方

1 豚ばら肉、にんじん、玉ねぎ、パプリカ、ピーマンを食べやすい大きさに切る。

2 ホーロー鍋に豚肉とにんじん、玉ねぎ、[酢豚のたれ]を入れて中火にかける。にんじんに火が通ったらパプリカとピーマン、水溶き片栗粉を入れて混ぜる。ひと煮立ちしてとろみがついたら完成。

ポテトサラダ

ポテトサラダは人気のおそうざいのひとつ。
ただ、作るとなるといろいろな道具が必要なので少し躊躇してしまうことも……。
ホーローの鍋で作ればゆでる、つぶす、混ぜるのすべてをこなせます。

材料

じゃがいも …… 大2個（360g）
玉ねぎ ……… 1/2個
ハム ………… 4枚
きゅうり …… 1本
にんじん …… 1/3本
マヨネーズ … 大さじ2強
塩・こしょう … 各少々

作り方

1　じゃがいもの皮をむき、4つに切ってホーロー鍋に入れる。水（分量外）をひたひたに入れて弱めの中火にかけ、箸がすっと入るまでゆでる。

2　玉ねぎときゅうりは1cm角に切る。ハムは1cm四方に、にんじんは粗いみじん切りにする。

3　**1**のじゃがいもをザルに上げて湯を捨て、再び鍋に戻してマッシャーでつぶす。ヘラで軽くつぶしてもよい。じゃがいもが熱いうちに**2**と塩・こしょう、マヨネーズを加えて混ぜる。

花豆のマリネ

花豆は乾燥状態では2cmほど、水で戻すと3～4cmになる大きくて見た目も美しい豆です。
私の店では柔らかくゆでた花豆を甘酢じょうゆでマリネしたものにオリーブオイルをかけて出しています。
豆が大きい分、戻す時間もそれなりに必要ですが、少し多めに作って
ホーローの保存容器に入れておけば冷蔵庫で1週間ほど保存可能。
マリネ液が残ったら冷しゃぶや冷や奴にかけると最後までおいしくいただけます。
店ではホーローの「角型みそポット」に入れて冷蔵庫からさっと取り出して使っています。

材料

花豆 ……………………… 350g
玉ねぎ（粗みじん切り）… 1/2個
砂糖 ……………………… 大さじ2
しょうゆ ………………… 100ml
酢 ………………………… 150ml

作り方

1 水で戻した花豆をホーロー鍋に入れ、豆のおよそ3倍の水（分量外）を注いで柔らかくなるまで1時間ほどゆでる。

2 花豆が熱いうちにザルに上げて水気を切り、ホーローの保存容器に入れる。残りの材料をすべて加えて混ぜる。

3 器に盛り、オリーブオイル（分量外）をかけて食べる。

＊ マリネ液にオリーブオイルを混ぜてしまうと、室温と冷蔵庫内の温度差でオリーブオイルが酸化するので注意。必ず食べる直前にかけて。

point
[花豆の戻し方]

水で洗った花豆を豆の重量の3倍ほどの水につける。皿などをのせて豆全体が水につかるようにする。

冷蔵庫にひと晩置くと豆が1.5倍くらいになって皮にシワが寄る。シワが寄っているのは豆が水を吸い切っていないサイン。

2晩くらいで豆が2倍の大きさに！皮がピーンと張ったら、ゆで始めてOK。

（戻す過程がわかりやすいように1粒だけで撮影しています）

マカロニグラタン

ホーローの鍋で材料を煮て、チーズをのせて溶かしたらマカロニグラタンができちゃう魔法のレシピです。
ホーローはオーブンでも使えますから焼き目が欲しいときはそのままオーブンなどに入れられて便利。
最初に小麦粉と牛乳をダマにならないように混ぜておけば、
鍋で混ぜながら煮る間にホワイトソースができていきます。
同時にマカロニが水分を吸って火が通るから、ホワイトソースとゆでマカロニを別々に用意しなくていいんです。

材料

鶏もも肉（ひと口大に切る） … 1/2枚（150g）
玉ねぎ（5mm幅に切る） ……… 1/2個
マカロニ ………………………… 75g
小麦粉 …………………………… 大さじ2と1/2
牛乳 ……………………………… 400㎖
水 ………………………………… 100㎖
バター …………………………… 15g
塩 ………………………………… 小さじ1弱
ピザ用チーズ …………………… 適宜

作り方

1　ホーロー鍋に小麦粉と牛乳の1/4量を入れて、ダマにならないようによく混ぜる（写真A）。

2　ピザ用チーズ以外の材料をすべて加え（写真B）、弱めの中火にかけて混ぜながら煮る。鍋底に材料がくっつかないように鍋底から混ぜるのがコツ。

3　とろみがついてマカロニが柔らかくなったら火を止めてピザ用チーズをのせる。温めたオーブントースターかオーブンに鍋ごと入れて、チーズに焼き色をつける。

＊ チーズをのせたあと、フタをして余熱でチーズを溶かすだけでもおいしい。

A

B

麻婆豆腐

中華料理といえば強い火力が必要なイメージですが、ホーローを使えば中華もお手のもの。
あっという間に麻婆豆腐が完成します。私は鍋のままテーブルに出したいので
豆腐は最後にのせて、テーブルで豪快にくずしてサーブします。

材料

豚ひき肉 ……………………… 200g
水溶き片栗粉 ………………… 大さじ4
（片栗粉:大さじ2 ＋ 水:大さじ2）
木綿豆腐（8つに切る）……… 1丁
万能ねぎ（小口切り）・ラー油 … 各適宜

[麻婆だれ]
　長ねぎ（みじん切り）………… 1/2本
　しょうが（みじん切り）……… 1かけ
　にんにく（みじん切り）……… 1かけ
　甜麺醤（テンメンジャン）…………………… 大さじ2
　豆板醤 ………………… 大さじ1
　砂糖 …………………… 大さじ1
　しょうゆ ……………… 大さじ1
　酒 ……………………… 大さじ1
　鶏がらスープ ………………… 300mℓ
　（水:300mℓ ＋ 市販の鶏がらスープの素:小さじ1と1/2）

作り方

1 ホーロー鍋に豚ひき肉と[麻婆だれ]の材料を入れて弱めの中火にかける。ひき肉をほぐすように混ぜながら煮る。ひき肉に火が通ったら水溶き片栗粉を加えてとろみをつけ、豆腐を入れてフタをして3分ほど置く。

2 豆腐がほんのり温まったらラー油をまわしかけ、万能ねぎを散らして完成。

砂肝のコンフィ

肉類を材料にした"コンフィ"は低温のオイルで加熱する料理です。
日本では鴨や鶏で作ることが多いですが、砂肝で作るとワインのおともにぴったりです。
コンフィを家で作るのは温度管理がなかなかたいへん。いろいろ考えた末に温度を適温にキープするために湯せんで作ることを思いつきました。湯せんするときに容器の中に沸いたお湯が入らないように気をつけて！

材料

鶏の砂肝 …………… 400g
長ねぎ（5cm長さに切る）… 1/2本
塩 …………………… 小さじ1
にんにく ……………… 1かけ
オリーブオイル ……… 適宜

作り方

1. 砂肝は真ん中で2つに切り、白い部分に細かく切り目を入れる。

2. 1の砂肝に塩をもみ込み、にんにく、ねぎとともにホーローの保存容器に入れる。ひたひたになるようにオリーブオイルを注ぎ、湯せんで40分ほど加熱する。器に盛り、せん切りにした大葉（分量外）を添える。

point

白い部分は硬いので、5mm間隔で切り込みを入れる。食べやすくなり、加熱時間も短くなる。

ホーローの保存容器よりもひとまわり大きい容器や鍋に湯を用意して湯せんする。完全に火が通るまでしっかり加熱する。

欧風カレー

このカレー、実は56ページの「バターチキンカレー」と同じ市販のカレールーで作っています。
同じカレールーを使っても、ほかの材料をあれこれ組み合わせることで
まったく違うものにするのが私のカレー作りのポイントです。
薄切りのお肉を使うと、長く煮込まなくてもおいしく食べられます。
急いで食べたいときもお店のようなカレーが食べられて幸せな気持ちになれますよ。

材料

牛肩ロース薄切り肉（食べやすい大きさに切る）… 300g
玉ねぎ（薄切り）………………………………… 1個
水 ………………………………………………… 600mℓ
市販のフォンドボー …………………………… 200mℓ
＊缶やレトルトのものを使用

赤ワイン ………………………………………… 200mℓ
マッシュルーム（半分に切る）………………… 170g
ケチャップ …………………………………… 大さじ3
市販のカレールー ……………………………… 1/2箱
（100g程度）

作り方

1. 鍋にカレールーを除くすべての材料を入れて中火にかける。煮立ったら弱火にする。

2. 玉ねぎが柔らかくなったらカレールーを加えて溶かす。ルーが溶け切ったら完成。

牛すじと大根の煮もの

飛騨高山でおいしい牛すじに巡り合ってから、毎週、店でも家でも作っています。
圧力鍋で作っていたこともありますが、ホーロー鍋で作るのがいちばん手間がかからずに味がしみて、
牛すじのぷるぷる食感が楽しめるという結論にたどり着きました。
鍋を火にかけてから合計で3時間ほどかかりますが、硬いすじを柔らかくするには少し時間が必要です。
コトコト煮るのはホーローの得意技！　とってもおいしく作れますよ。

材料

牛すじ	400g
大根（皮をむいて3cm厚さの半月切り）	300g
砂糖	大さじ2
しょうゆ	大さじ3
みりん	大さじ3

作り方

1. ホーロー鍋に牛すじとひたひたの水（分量外）を入れて中火にかける。沸騰したら火を止めて湯を捨てる。

2. 1の鍋に大根とひたひたの水（分量外）を入れ、フタをして中火にかける。煮立ったら弱火にして2時間ほどゆでる。

3. 牛すじが柔らかくなったら、キッチンバサミで食べやすい大きさに切る。砂糖、しょうゆ、みりんを加えてさらに1時間ほど煮る。

point

牛すじは煮ると縮むので、柔らかくゆで上がったところで食べやすい大きさに切る。トングとハサミで切るとまな板を汚さずにすむ。

ラタトゥイユ

さまざまな作り方が紹介されているラタトゥイユですが、
私が紹介するのは手早く、かんたんに(もちろんおいしく!)作るレシピです。
あっという間に火が通るピーマンだけは最後に入れますが、鍋に材料を入れて煮るだけ。
小ぶりのフタつき片手鍋で作れば、冷蔵庫にもそのまま入ります。
温かくてもおいしいですが、冷やすと温度が下がっていく間に味がしみて、よりおいしくなります。

材料

- なす …………………… 2本
- パプリカ(ひと口大に切る)… 1個(赤1/2・黄1/2を使用)
- トマト水煮缶(カットタイプ)… 1缶(400g)
- 玉ねぎ(ひと口大に切る)… 1/2個
- ピーマン(ひと口大に切る)… 2個
- 黒オリーブ …………………… 10粒
- 塩 ……………………… 小さじ1
- オリーブオイル ………………… 大さじ3
- 白ワイン ……………………… 100㎖

作り方

1. ホーロー鍋にピーマン以外の材料をすべて入れる。弱めの中火で煮る。

2. なすが柔らかくなったらピーマンを加えてひと煮立ちさせる。

なすとトマトのオイル蒸し

ホーローは蒸しものも得意。熱伝導がよいので、色がきれいなまま蒸し上がります。
塩とオリーブオイル、野菜のうまみだけでおいしく食べられます。
愛用しているホーローのミルクパンにはフタがついていて、少量の蒸しものを作るときに便利です。

材料

なす（ひと口大に切る）…… 1本
トマト（ひと口大に切る）… 2個
オリーブオイル …………… 大さじ6
塩 ……………………………… ひとつまみ
大葉（せん切り）…………… 適宜

作り方

1. ホーロー鍋になすとトマト、オリーブオイル、塩を入れてフタをする。
2. 中火で3分ほど加熱したら火を止める。フタをとって大葉をのせる。

たこの柔らか煮

時間がかかるたこの柔らか煮も、保温性のあるホーロー鍋なら短時間の加熱でOK。
10分ほど煮たら、フタをしてそのまま自然に冷ます間にたこに味がしみていきます。
ごはんのおかずにも、お酒のおつまみにもぴったりです。

材料

蒸しだこ … 500g
＊ゆでだこでもよい

水 ……… 400㎖
酒 ……… 50㎖
しょうゆ … 50㎖
みりん …… 50㎖
砂糖 …… 大さじ1

作り方

1. ホーロー鍋にすべての材料を入れて弱めの中火にかけ、沸騰したら弱火にして10分煮る。
2. フタをして火を止め、室温で冷ます。
3. ひと口大に切り、煮汁とともに器に盛る。

ミネストローネ

野菜をしっかり、無理なく食べたいときに作りたいミネストローネ。
トマトときのこのうまみに塩を加えるだけで味がしっかり決まりますよ。

材料

トマト ………… 2個
しめじ ………… 1パック
にんじん ……… 1/3本
玉ねぎ ………… 1/4個
ブロッコリー … 小房2つ
水 ……………… 2カップ
塩 ……………… 小さじ1/2

作り方

1. すべての野菜を1cm角に切る。

2. ホーロー鍋にすべての材料を入れて中火にかける。煮立ったら弱火にしてにんじんが柔らかくなったらできあがり。

煮込みラーメン

シーフードミックスとかまぼこを鶏がらスープで煮込めば魚介とチキンのダブルスープに！
キャベツも一緒に煮込んで野菜の甘みも追加するとやさしい味になります。

材料

シーフードミックス（冷凍など） … 100g
板かまぼこ（短冊切り） ……… 3cm
にんじん（短冊切り） ………… 1/3本
キャベツの葉（ざく切り） ……… 2枚
鶏がらスープ ………………… 1200mℓ
（水:1200mℓ + 市販の鶏がらスープの素:大さじ2）
オイスターソース …………… 大さじ1
塩 …………………………… 小さじ1
中華生麺 …………………… 2玉
ごま油 ……………………… 大さじ1

作り方

1. 中華麺とごま油以外の材料をホーロー鍋に入れて中火にかける。

2. 沸騰したら中華麺を入れてほぐしながら煮る。麺が好みの硬さになったらごま油を加えて火を止める。好みで黒こしょうをふって食べる。

＊ ゆで時間が短い細麺を使うと野菜が硬いことがあるので、にんじんに火が通ってから麺を入れるとよい。

蒸しものもかんたん！

茶わん蒸し

茶わん蒸しは卵とだし汁の割合を守ってホーロー鍋で蒸すと失敗なく作れます。
ホーロー鍋ならお湯が沸いたら弱火にするだけで蒸しものにちょうどよい温度が保てます。
グラグラ沸騰した状態で作るとすが入るので気をつけて。
できあがりはまるでプリンのようななめらかさ。一度うまくできるとくり返し作りたくなります。
だしはできれば昆布とかつお節でとったものを。私はホーローポットにお湯を沸かし、
昆布とかつお節を入れたら火を止めて、そのまま冷ましたものをザルでこして使っています。
ポットのまま冷蔵庫で保存できますし、使い残したものは冷凍しておくと便利ですよ。

材料（容量150㎖程度の容器 4つ分）

卵 ………………… 2個
だし汁 …………… 300㎖
薄口しょうゆ …… 小さじ1
ボイルえび ……… 4尾
かまぼこ・みつば … 各適宜

作り方

1 ボウルに卵を割り入れてほぐし、だし汁と薄口しょうゆを加えて混ぜる。器に流し入れてラップでフタをする。器に流すときに茶こしやザルでこすと、なめらかに仕上がる。

2 ホーロー鍋に水（分量外）を入れてスノコを置き、中火にかける。沸騰したら**1**を入れて弱火にし、フタをして25分ほど蒸す。熱いうちにえびとかまぼこ、みつばをのせる。

さつまいもとかぼちゃのごまバター蒸し

フタに蒸気を逃がす穴があいていないフタつきのホーロー鍋を使うと、
少量の水分を加えるだけで蒸しものもかんたんに作れます。

みりんがさつまいもとかぼちゃの自然な甘みを引き出すごまバター蒸しは、
砂糖を入れたかのようなコクのある仕上がり。
ステーキのつけ合わせのにんじんグラッセのような甘さなので、
ハンバーグ、肉や魚のソテーのつけ合わせにしてもいいし、このままおやつにもなります。

材料

さつまいも（薄切り）… 1/2本（200g）
かぼちゃ（薄切り）…… 1/8個（200g）
バター ……………… 30g
みりん ……………… 大さじ6
しょうゆ …………… 小さじ1
黒ごま ……………… 適宜

作り方

1 ホーロー鍋にみりんとしょうゆを入れてひと混ぜする。残りの材料を入れ、フタをして中火にかける。

2 鍋の中に蒸気がこもり、フタがカタカタと動くようになったら弱火にして3分ほど加熱する。フタが重たい鍋で作るときはフタを開けて沸騰したことを確認して弱火にする。

揚げものもおまかせ！

ハムカツ

揚げものは、揚げたてが最高！ だから家でもよく揚げものをします。そんなときも使うのはホーローの鍋。
うちでは揚げものはミルクパンで作っています。
深さが10cmくらいの鍋に揚げ油を2～3cmくらい入れて揚げれば油が飛び散りにくいし、
大量の油を使わないのであと処理もラク。
そして何よりも油の温度を一定に保てるのがホーローの魅力です。

材料

薄切りハム ……… 20枚
小麦粉 ………… 適宜
卵（割りほぐす）… 2個
パン粉 ………… 適宜
揚げ油 ………… 適宜

作り方

1　ハムを4枚重ねて小麦粉、溶き卵、パン粉の順に衣をつける。ハムが乾いているときは少量の水をつけて密着させる。

2　ホーロー鍋に2～3cmの高さまで油を入れる。180度になったら**1**を静かに入れて揚げる。途中で返し、両面をきつね色になるまで揚げる。

＊ 油はこれくらいで十分！ 鍋の中で油がゆらいできたらパン粉をひとつまみ入れて油の温度を確かめる。パン粉が細かい泡を立てて油の表面に広がるのが180度の目安。

とうもろこしのかき揚げ

子どもから大人まで誰に出しても好評なとうもろこしと玉ねぎのかき揚げ。
油で揚げると、とうもろこしと玉ねぎの甘みがぎゅっと凝縮されるのでみんなの箸が止まりません。
そのままでおいしいけれど、つけるなら迷わず塩！ 甘みがさらに引き立ちます。
冷凍でもよいですが、生のとうもろこしが手に入る時季にぜひ試してください。

材料

とうもろこしの実 ………… 200g
＊ 生のとうもろこしの実を包丁でそぎ落とす。
　　冷凍のものを使ってもよい。

玉ねぎ（1cm角に切る）… 1/2個
市販の天ぷら粉 ………… 130g
水 ………………………… 150mℓ
揚げ油 ………………… 適宜

作り方

1　ボウルにとうもろこしと玉ねぎを入れ、天ぷら粉を大さじ2（分量外）入れてまぶす。

2　別のボウルに天ぷら粉と水を入れて混ぜる。**1**のボウルに加えて軽く混ぜる。

3　ホーロー鍋に2～3cmの高さまで油を入れる。180度になったら**2**の天ぷらダネをスプーンにとり、静かに入れて揚げる。

＊ 鍋の中で油がゆらいできたら天ぷら衣を少量入れて油の温度を確かめる。衣を鍋に落とすと、途中まで沈んで浮き上がってくるのが180度の目安。

ゆで鶏

鶏ハムが人気ですが、その上をいくかんたん料理がゆで鶏です。
肉は鶏ハムのように食べられて、いろいろな料理に使えて便利。
ゆで汁はラーメンやフォーなどの汁にしたり、そうめんを煮ればにゅう麺になります。
ゆでた鶏肉は鍋の中で冷まし、スライスして卵黄や万能ねぎを添えると立派なひと皿に。
肉には薄い塩味がついていますが、コチュジャンや甜麺醤、
ぽん酢、わさびじょうゆなどをつけて好みの味で食べてくださいね。

材料

鶏むね肉 … 2枚
塩 ………… 2つまみ
酒 ………… 50ml
水 ………… 2カップ

作り方

1 鶏肉に塩をすり込む。鶏肉1枚に塩ひとつまみが適量。

2 ホーロー鍋に**1**の鶏肉と酒、水を入れて中火にかける。

3 沸騰したらアクをとって弱火にする。キッチンペーパーをゆで汁の表面に置いて落としブタにする。さらに鍋のフタをして、5分ほど加熱して火を止める。フタをしたままにして冷めるまでおくと余熱で火が通る。

さんまの酢っぱい煮

生のさんまが出まわると作りたくなる煮ものです。
さんまのおいしい脂と、梅干しの酸味、甘じょっぱい煮汁は冬のごちそう。
ホーロー鍋では圧力鍋のようにあっという間に骨まで柔らかくなりませんが、
コトコト煮て、火を止めてフタをして
余熱を利用すると十分な柔らかさに仕上がります。

材料

さんま（ワタを抜いて食べやすい大きさに切る）… 4尾
梅干し …………………………………… 2〜3個
酢 ………………………………………… 100mℓ
酒 ………………………………………… 100mℓ
しょうゆ ………………………………… 60〜70mℓ
砂糖 ……………………………………… 大さじ1

作り方

1 ホーロー鍋にすべての材料を入れて中火にかける。沸騰したら弱火にして30分ほど煮る。

＊ 青背の魚はフタをせずに煮ると、皮がはがれず、きれいに煮上がる。

白菜の塩昆布あん

白菜は加熱すると甘みが出て、大好きな野菜のひとつです。
この料理は白菜と甘辛く炊き上げた塩昆布だけで作りますが、
味つけはこれだけでパーフェクト。
仕上げに挽き黒こしょうをふると風味が加わってよいアクセントになります。
分量の水をだし汁にして作るとさらに深みのある味わいになります。

材料

- 白菜（ひと口大に切る）… 1/4個
- 市販の塩昆布 ………… 12g
- 水 ………………… 800㎖
- 水溶き片栗粉 ………… 大さじ3
  （片栗粉:大さじ1と1/2＋水:大さじ1と1/2）
- 挽き黒こしょう ………… 適宜

作り方

1. ホーロー鍋に白菜と水を入れて中火にかける。沸騰したら弱火にする。

2. 白菜が柔らかくなったら水溶き片栗粉を入れてよく混ぜる。とろみがついたら塩昆布を加えて火を止める。黒こしょうをふって食べる。

"毎日のごはんはかんたんで
シンプルなのがいちばん"

ハレの日のごはん、何でもない日のごはん、ちょっと特別な日のごはん……
いろいろなごはんがありますが、日々の積み重ねの中で
やはり食事を大切にしたいと思っています。
体は食べるもので作られているから。
だからこそ無理がなくシンプルに作れることがいちばんだと考えています。
ご紹介したのは私が毎日の暮らしの中で作っているものばかり。
店で実際に出しているメニューもありますし、
大好きな人たちのために作る、とっておきのレシピもあります。
この本の中に登場する料理は
たいていの家庭にある調味料や食材で作れる、いわば普段着のものばかり。
作り方の工程もできるだけそぎ落としてわかりやすくシンプルにしました。
手間ひまをかけてていねいに作る料理も大切にしていますが、
くり返し作る毎日の暮らしの中に登場するものは
レシピを耳で聞いたらすぐにできるくらいの手軽さがちょうどよいと思っています。

この本を読んでくださった皆さま
私の料理を支えてくださっている心から信頼している生産者の方たち
長く愛用している質のよいホーローを作ってくれる職人さんたち
この本を一緒に作ってくれたプロフェッショナルたち
すべての皆さんに心からのお礼を伝えたいです。

この本が皆さんの暮らしの彩りになりますように。

山崎 志保　Shiho Yamazaki

ホーロー大好き料理家。広告やテレビ番組、雑誌などの料理監修やコーディネート、レシピ開発などを手がける一方で生産者とのつながりを大切にし、食材にこだわった商品開発を行っている。東京都文京区に生産者のアンテナショップを兼ねた、食材と季節を楽しむ店「つくる。」を開店し評判に。店ではホーローで作った料理を提供するほか、店で食べたものが買える顔見えマルシェなども開催。料理家として活躍するとともに、株式会社料理山研究所の代表も務める。オリーブオイルソムリエの資格を持ち、飛騨高山アンバサダーとしても活動している。

[制作協力]　富士ホーロー株式会社

1947年創業の国内最大級のホーロー製造メーカー。家庭用キッチン用品を中心に、自社製品はもとより、雑貨専門店、海外ブランド、食品メーカーほかのOEM製品など、幅広くホーロー製品の製造を手がけている。
＊本書で使用したホーロー製品はすべて富士ホーロー製のものです。
製品に関するお問い合わせ
富士ホーロー公式ホームページ
http://www.fujihoro.co.jp
富士ホーロー公式通販サイト
https://www.rakuten.ne.jp/gold/fujihoro/
Tel：03-3851-7241
受付時間：月〜金　10：00〜18：00
Honey Ware（ハニーウェア）は富士ホーロー株式会社の登録商標です。

[Staff]

撮影／嵐 大祐（SHAKTI）
ブックデザイン／コスギヒロキ（NEU_HUTTE）
構成／黒川ともこ
料理アシスタント／宮野徳子（株式会社料理山研究所）
校閲／滄流社
編集担当／菊地奈緒
special thanks／藤本 圭（SHAKTI）

[お問い合わせ先]

日本オリーブオイルソムリエ協会／https://www.oliveoil.or.jp/
株式会社アミューズ（感動オリーブオイル）／☎0570-037-868
有限会社糀屋柴田春次商店（麹・みそ）／☎0577-32-0653
森本久雄（飛騨米）／☎0577-33-4689
ナチュラルラボラトリー
長野県南相木村（花豆・とうもろこし）／☎0267-78-1220
三栄商会（豆）／☎03-3542-1022
築地米金（レモネード・野菜・ハーブ）／☎03-6264-7747
ハルメク（缶詰）／☎0120-028-617
飛騨匠家（飛騨牛・飛騨旨豚）／☎0577-36-3291

ホーローで作るとかんたん！おいしい！

著者　山崎志保
編集人　石田由美
発行人　倉次辰男
発行所　株式会社 主婦と生活社
　　　〒104-8357 東京都中央区京橋3-5-7

編集代表／☎03-3563-5361　FAX03-3563-0528
販売代表／☎03-3563-5121
広告代表／☎03-3563-5131
生産代表／☎03-3563-5125
http://www.shufu.co.jp/

製版所　東京カラーフォト・プロセス株式会社
印刷所　大日本印刷株式会社
製本所　株式会社若林製本工場

©SHIHO YAMAZAKI 2019 Printed in Japan
Ⓡ本書を無断で複写複製（電子化を含む）することは、著作権法上の例外を除き、禁じられています。本書をコピーされる場合は、事前に日本複製権センター（JRRC）の許諾を受けてください。
また、本書を代行業者等の第三者に依頼してスキャンやデジタル化をすることは、たとえ個人や家庭内の利用であっても一切認められておりません。
JRRC（https://jrrc.or.jp　eメール：jrrc_info@jrrc.or.jp
電話：03-3401-2382）

十分に気をつけながら造本していますが、万一、乱丁、落丁の場合は、お買い求めになった書店か小社生産部へご連絡ください。お取り替えいたします。

ISBN978-4-391-15357-6